W0207704

Au Royaume des Fées

Au Royaume des Fées

Au Royaume des Fées

52 PERSONNAGES MAGIQUES
VOUS RÉVÈLENT VOTRE AVENIR

Gillian Kemp

SOLAR

Titre original de cet ouvrage
FAERIE WISDOM

Traduction-adaptation
Évelyne Jouve

Illustrations
Emma Garner

© 2003, Gillian Kemp, pour le texte original
© 2003, Éditions Solar, Paris, pour la version française

SOLAR un département de place des éditeurs

ISBN : 2-263-03536-2
Code éditeur : S03536 / 03
Dépôt légal : septembre 2003
Photocomposition : Facompo
Imprimé en Malaisie

1re édition suite du premier tirage

Sommaire

Avant-propos

La Sagesse des Fées

Ce petit guide vous invite à explorer l'univers magique des Fées en vous dévoilant un folklore aussi vieux que les collines où elles ont élu domicile depuis des temps immémoriaux. Il vous propose de faire plus ample connaissance avec les représentants de ce petit peuple mystérieux – reines, elfes, lutins, farfadets... – qui vivent tout autour de nous depuis la création de la nature.

Qui n'a pas rencontré l'un des habitants de Féerie au détour d'un chemin, d'une clairière ou d'un bois, dans la brume évanescente du petit matin ou la lumière mourante du crépuscule ? Les feuilles sont des créatures mouvantes, les troncs d'arbres d'étranges petits bonshommes contrefaits. Plissez les yeux et regardez plus attentivement la fougère qui se balance dans la pénombre. Simple caprice du vent ou esprit de la forêt essayant de se protéger de la curiosité des humains ? Les Fées n'ont pas un corps matériel, mais une forme éthérée et translucide. Votre main peut les traverser, exactement comme un arc-en-ciel ou un fantôme. Si jamais vous pensez en avoir vu une, faites un vœu, il sera exaucé.

Les Fées deviennent visibles quand elles dansent autour de la flamme d'une bougie. Fixez la flamme, fermez les yeux quelques secondes, puis ouvrez à demi les paupières. Vous verrez alors une ronde de Fées tournoyer autour du halo.

INTRODUCTION

Il était une fois... les Fées

Coutumes et Rites magiques

LES FÉES SONT DES BIENFAITRICES investies d'une mission : faire régner la justice en récompensant les gentils et en punissant les méchants. La droiture est pour elles la plus haute des vertus et elles mettent leur pouvoir magique au service du Bien afin de le soutenir dans son combat contre le Mal. Gardiennes de l'application des lois de la morale et de la justice, les Fées protègent tous ceux qui ont une âme bonne et généreuse, mais ne tolèrent ni la malhonnêteté, ni la cupidité, ni la paresse. Voilà pourquoi elles sont à la fois révérées et redoutées et pourquoi seuls les cœurs purs peuvent les voir. Si les uns ont toutes les chances de recevoir une pluie de bienfaits, gare aux autres... Ils s'exposent à être punis par des pinçons ou des crampes !

Les Fées ont horreur de la curiosité des humains et se manifestent toujours en cachette, de préférence à la nuit tombée. Certaines d'entre elles sont âgées de plusieurs

centaines d'années, ce qui les rend extrêmement sages et avisées. La plupart ont la peau verte et portent des guirlandes de feuilles afin de se fondre dans la végétation. Toutes ont le pouvoir de disparaître presque instantanément dans une fleur, un arbre ou n'importe quel élément de la nature avec lequel elles se confondent. Les arbres préférés des Fées sont les chênes, les sureaux, les bouleaux, les sorbiers, les noisetiers et les pommiers, mais elles aiment aussi se dissimuler dans les mûriers, les groseilliers et les fougères. Les musaraignes, les oiseaux, les chauves-souris, les insectes et les grenouilles sont leurs compagnons favoris.

Les Fées se manifestent dans le monde des humains à des moments charnières, situés à la frontière de deux espaces-temps. Elles veillent sur les foyers et la naissance des êtres humains, mais également sur leur décès. Elles aident les mortels à passer d'une dimension à une autre. Voilà pourquoi elles sont associées à des moments de transition, comme le lever du jour et le coucher du soleil, midi et minuit, le milieu de l'été et de l'hiver, ou les saisons. À mi-chemin entre la terre et le ciel, elles intercèdent en faveur des hommes et peuvent exaucer leurs vœux de la façon la plus magique et la plus malicieuse qui soit. De même que les Fées peuvent prendre l'apparence d'une vieille femme en haillons pour mettre la générosité des humains à l'épreuve, leurs dons sont souvent ambigus au premier abord, et ce n'est qu'après un certain temps qu'ils dévoilent leur valeur véritable.

La croyance aux Fées remonte aux premiers temps de l'humanité. Tout porte à penser que le mot « fée » vient du latin *fatum*, le destin, et de Fata, la déesse romaine des Destinées. Si ce terme est toujours employé aujourd'hui en Italie pour désigner les Fées, dans le midi de la France il a été converti en *fada* (ou *fade*) : le simplet du village, devenu fou parce qu'il a été touché par le doigt d'une Fée. En Écosse, le mot *fey* désigne encore un être poursuivi par la fatalité.

Jusqu'aux XVIIe et XVIIIe siècles, les histoires de Fées étaient racontées aux adultes aussi bien qu'aux enfants. Dans les campagnes, elles constituaient la principale forme de distraction pendant les longues soirées d'hiver. C'est ainsi que les « marraines des hommes » ont alimenté tout un fonds de croyances et de légendes dont les traces subsistent encore dans le génie de certains lieux et dans notre inconscient collectif.

Le Royaume de Féerie

LES CELTES CROYAIENT QUE LES FÉES habitaient dans un royaume merveilleux, situé au-delà de l'horizon. Ces Îles Bienheureuses portaient des noms évocateurs : « L'Autre Monde », « Le Pays des Vivants », « La Plaine du Bonheur », « Tir Nan Og » – le Pays de la Jeunesse –, ou encore « Mag Mell », le Pays du Plaisir.

Les demeures des Fées ne sont cependant pas toutes imaginaires. Le Royaume de Féerie peut apparaître n'importe où, de façon totalement inattendue, et disparaître tout aussi vite. Ses habitants choisissent leur résidence en accord avec leur nature élémentaire. Ainsi, les demeures de prédilection des esprits des campagnes sont les prairies, les grottes, les collines creuses, les souterrains, les catacombes, les cercles de pierres et les forêts où, souvent, ils « adoptent » un arbre possédant des pouvoirs magiques. On rencontre aussi des esprits aquatiques dans les mers, les rivières, les torrents et les lacs. Enfin, il y a les esprits domestiques, qui hantent les maisons. Ils sortent de leur cachette à la tombée de la nuit et s'animent dans l'obscurité.

Au Royaume de Féerie, le temps ne s'écoule pas à la même vitesse que chez les mortels. Une année au Royaume des Fées correspond à un seul jour dans le monde des humains. La naissance, la mort et l'amour sont des états transitionnels auxquels les Fées – les esprits vivants des morts – président. Les nymphes, notamment, ont la réputation d'être particulièrement influentes quand une jeune fille devient femme ou quand il y a une romance dans l'air.

Tout comme les humains, les Fées viennent au monde, vivent, enfantent et meurent. Elles possèdent des biches, des chèvres et des troupeaux de vaches d'une taille féerique, des moutons, des chevaux et des chiens (parfois méchants). La plupart des habitants de Féerie travaillent : les femmes filent, tissent, confectionnent des vêtements et mitonnent des petits plats, y compris des gâteaux de Fées. Les elfes vendent des produits sur les marchés, fabriquent et réparent des chaussures et cisèlent l'or et l'argent. Certains esprits sont simplement des farceurs ; d'autres possèdent des talents artistiques, dans des disciplines comme la musique et la danse, qu'ils enseignent aux humains. D'autres encore ont le pouvoir de leur transmettre le don de clairvoyance.

Le Royaume de Féerie s'apparente à une monarchie sur laquelle règnent des rois, appelés Héros ou Chevaliers, et des reines dont l'extraordinaire beauté surpasse de loin celle des mortelles. Ils vivent entourés de leur cour dans des palais, des châteaux et d'exotiques salles en cristal étincelantes de lumière. Ils raffolent de la musique et du chant et jouent de nombreux instruments : violon, harpe, tambourin, cymbales, guimbarde. Les Fées adorent par-dessus tout danser. Leur danse favorite est une sorte de ronde folle dont on voit au matin les traces circulaires dans l'herbe des clairières : ce sont les « cercles des Fées » ou « anneaux

de Fées ». L'un de leurs passe-temps préférés consiste également à répandre des gouttes de rosée ou « perles des Fées » sur des fleurs.

Les Fées qui ne vivent pas auprès de la reine habitent dans des villages où elles mènent la même vie rustique que les mortels.

La plupart des esprits ne peuvent pas consommer la nourriture des humains, sous peine de perdre leur essence féerique et de voir disparaître leur complexion verte. Ils se nourrissent de graines, de noisettes, de baies, de fruits et des plantes qui poussent près de leur maison. Ils boivent le nectar des fleurs : c'est le vin des Fées. Certains d'entre eux mangent l'ambroisie, la nourriture des dieux qui rend immortel, dont l'odeur et le goût, très agréables, rappellent ceux du miel. Aucune Fée n'aime le sel, et aucun humain ne doit goûter la nourriture des Fées sous peine de se retrouver éternellement captif au royaume des esprits.

Contrairement à ce que laisse entendre l'imagerie populaire, les Fées ne possèdent pas toutes des ailes. Celles qui en sont dépourvues peuvent néanmoins voyager sur des insectes volants, comme les mouches, les libellules et les papillons, ou encore chevaucher des oiseaux et des chauves-souris. Les roitelets, les rouges-gorges, les corbeaux, les hiboux et les aigles sont leurs moyens de transport préférés. L'été, elles font pousser de l'herbe de Saint-Jacques et s'en servent pour voler, comme sur un balai de sorcière. Les souris, les campagnols et les grenouilles leur permettent également de se déplacer à la campagne. La formule magique utilisée par les Fées pour commander le vol est « Hattock ». Elles ne s'adressent quasiment jamais aux mortels, parce qu'en leur parlant elles perdent une part vitale de leur essence. Entre elles, elles utilisent une langue ancienne, dont les sonorités rappellent le gaélique ou le grec ancien.

Les Fées sont très pointilleuses sur le chapitre de la propreté et n'hésitent pas à se glisser dans les maisons des humains pour les aider à accomplir les tâches ménagères. Elles apprécient qu'on les remercie, mais pas nécessairement en paroles : une révérence ou un salut leur plaisent tout autant. Elles peuvent aussi enchanter des humains pour qu'ils deviennent leurs serviteurs et les aident à faire régner la justice.

Certaines Fées se marient et ont des enfants avec un mortel – au risque de perdre la plus grande partie de leurs pouvoirs magiques si elles acceptent de vivre dans son monde. Néanmoins, les Fées et les humains sont, paraît-il, très heureux ensemble, dans un monde comme dans l'autre.

Les Fées adorent les bébés et sont connues pour en avoir volé plus d'un. Un bébé coléreux ou malade qu'une maman ne parvenait pas à calmer était autrefois appelé un « changelin », c'est-à-dire un enfant que les Fées avaient substitué au vrai. Il s'agissait parfois d'un affreux nabot ou même d'un bloc de bois. Le roi Charles Ier d'Angleterre fut soupçonné d'être un changelin parce que c'était un enfant pleurnicheur. Sa nourrice écossaise affirmait avoir vu un vieillard revêtu d'une cape se pencher sur son berceau dans le château de Dunfermline.

La légende des Fées a été évoquée dans de nombreuses œuvres littéraires. Dans *Peter Pan,* James Barrie fait déclarer à son héros : « Chaque fois qu'un enfant dit qu'il ne croit pas aux Fées, l'une d'elles tombe et meurt. » Telle est l'extrême sensibilité des Fées.

Dans *Le Songe d'une nuit d'été,* Shakespeare met en scène Titania, la Reine des Fées, le nain Oberon et le célèbre Puck (surnommé Robin Bon Compère). Dans *Roméo et Juliette,* Mercutio explique que la Reine Mab, la Fée accoucheuse, « arrive, pas plus grosse qu'une agate ». Rudyard Kipling évoque lui aussi le lutin Puck dans *Puck de la colline.*

Des poèmes épiques comme *La Reine des Fées* d'Edmund Spenser (1552-1599) racontèrent la légende des esprits et des Fées, mais c'est en France, avec Charles Perrault et les *Contes de ma mère l'Oye*, en 1697, que prit forme le conte de fées moderne.

Les *Contes* de l'écrivain danois Hans Christian Andersen (1805-1875) connurent un succès foudroyant et sont encore aujourd'hui l'un des livres les plus traduits, lus et adaptés dans le monde. Tout le monde garde en mémoire l'histoire de la « Reine des Neiges », de la « Petite Sirène » et de la « Fée du Sureau ». En Allemagne, les *Contes* des frères Grimm – initialement destinés à pérenniser la poésie populaire issue de Moyen Âge germanique, et sur le point de disparaître des mémoires à cause de sa seule transmission orale – enthousiasmèrent et formèrent l'esprit de plusieurs générations de lecteurs. Tous les contes de fées ont en commun de rétablir l'équilibre de la justice et d'enseigner aux mortels à suivre le chemin du Bien.

Pendant des siècles, les habitants de Féerie furent immortalisés par des peintres tels que William Blake, Arthur Rackham, Frederick Cayley Robinson, Mabel Lucie Attwell, John Anster Fitzgerald et Robert Huskisson.

La légende dit qu'Oberon, le Roi des Elfes, continue à guider son peuple et qu'on peut l'invoquer à tout moment pour attirer sur soi chance et réussite. Que l'on croie ou non à la l'existence des Fées, leur mythe perdurera aussi longtemps que la nature et l'amour existeront.

Tirages divinatoires

Ce que les Fées vous réservent...

CHACUN DES TIRAGES présentés ci-dessous peut être effectué pour soi-même ou pour toute personne souhaitant qu'on interroge les cartes en son nom. Pour découvrir la signification des cartes, reportez-vous à la section « La Sagesse des Fées : Les cartes et leur Signification » (p. 32).

1 Le Tirage du Vœu Exaucé

POUR SAVOIR SI VOTRE VŒU SECRET SE RÉALISERA, prélevez un Roi ou une Reine des Fées dans la saison correspondant au moment de l'année où vous souhaitez obtenir une réponse à votre question. Battez le jeu, puis étalez toutes les cartes devant vous, face cachée. Concentrez-vous sur votre souhait et choisissez neuf cartes. Posez-les une à une devant vous en éventail, toujours face cachée et en respectant l'ordre dans lequel vous les avez tirées, comme indiqué ci-dessous. Retournez-les.

Les cartes 1, 2 et 3 représentent les influences positives ou négatives qui vous aideront ou au contraire vous barreront la route. Les cartes 7, 8 et 9 vous révèlent si votre vœu se réalisera. Trois cartes Reines des Fées signifient un « Oui » ferme et définitif : votre souhait sera exaucé. Deux Reines indiquent que votre vœu pourrait se réaliser pendant la saison illustrée par la première carte. Une seule Reine entourée de trois cartes, quelles qu'elles soient, favorise une issue positive.

2 Le Cercle Magique

CHOISISSEZ UNE CARTE SANS LA REGARDER : elle vous représentera, vous, ou votre situation actuelle. Posez-la devant vous, face cachée, puis battez le jeu. Tirez successivement huit cartes sur le haut du paquet et placez-les, face cachée et dans le sens des aiguilles d'une montre, autour de la carte qui vous représente de façon à former un cercle, comme ci-dessous. Retournez toutes les cartes. Les deux premières révèlent ce que vous réservera le Printemps ; les deux suivantes, ce qui se passera pendant l'Été ; les deux suivantes, de quoi sera fait l'Automne et les deux dernières, ce qui vous attend pendant l'Hiver.

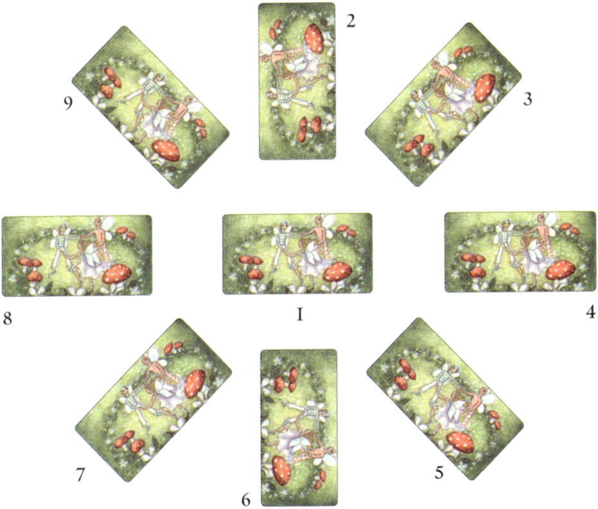

3 Le Tirage des Quatre Points Cardinaux

BATTEZ LE JEU DE 52 CARTES, choisissez-en une au hasard et posez-la devant vous face cachée (I). Elle représente une influence déterminante. Tirez au hasard quatre autres cartes et placez-les, face cachée, aux quatre points cardinaux : la première au Nord (2), la deuxième au Sud (3), la troisième à l'Ouest (4) et la quatrième à l'Est (5), comme indiqué ci-dessous. Si vous souhaitez connaître votre avenir au cours d'une saison en particulier, choisissez deux autres cartes. Placez la première, face cachée, à gauche de la carte Nord, Sud, Ouest ou Est, selon la saison choisie pour votre prédiction (6). Posez la seconde, face cachée, à droite du N = Hiver, du S = Été, du O = Automne, ou du E = Printemps (7). Vous obtiendrez un total de sept cartes. Celle située à gauche du point cardinal que vous avez choisi vous prédit comment la saison commencera. Celle située à droite révèle comment elle évoluera jusqu'à son terme. Pour interroger la saison suivante (ou n'importe quelle

N = Hiver 2

6 *début Hiver*

***fin Hiver* 7**

O = Automne 4

Première carte I

5 E = Printemps

S = Été 3

autre saison), tirez deux autres cartes, en plaçant la première au-dessus et la seconde sous la saison qui vous intéresse, ou bien à gauche et à droite comme montré ci-dessous. 13 cartes correspondent au cycle d'une année complète. Si l'Homme Vert apparaît, notamment en relation avec le Printemps, c'est un signe de chance extrêmement fort. Il annonce un nouveau départ très positif et une très longue période de chance à venir.

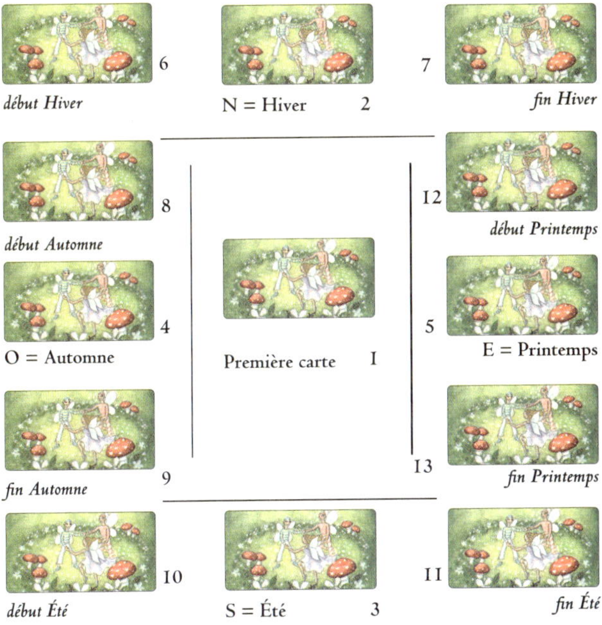

4 Le Tirage de la Danse des Fées

POUR OBTENIR UNE RÉPONSE À UNE QUESTION qui vous préoccupe, battez le jeu complet en faisant en sorte que quelques cartes s'en échappent. Posez les 6 premières cartes tombées, face apparente, sur deux rangées de telle sorte que la rangée du haut ait son pendant sur la rangée du bas, comme indiqué ci-dessous :

1

3

5

2

4

6

Interrogez les cartes deux par deux et verticalement, afin que la première carte de la rangée du haut soit associée à la première carte de la rangée du bas. Procédez de même avec les deux autres paires. La dernière carte vous indique quelle sera l'issue du problème.

5 L'Éventail Féerique

BATTEZ LE JEU. Choisissez 13 cartes au hasard et posez-les, face cachée, dans l'ordre où vous les avez tirées de façon à former un arc de cercle progressant de la gauche vers la droite, comme indiqué ci-dessous :

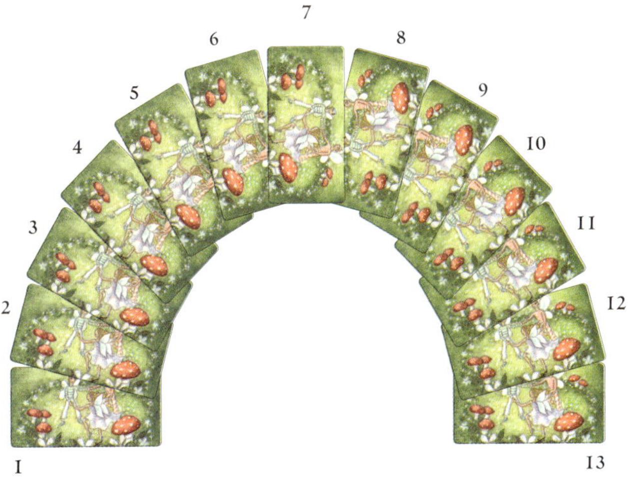

Prélevez les cartes 1, 3, 5, 7, 9, 11 et 13 afin de les placer sous les cartes 2, 4, 6, 8, 10 et 12. Posez la carte 13 en dessous. Les cartes impaires de la rangée supérieure indiquent quel sera votre parcours spirituel dans la situation en cours. Les cartes paires de la rangée inférieure montrent comment les choses évolueront matériellement. La carte 13 dévoile une influence déterminante qui jouera un rôle essentiel dans votre avenir. Si cette carte est positive, l'issue sera très favorable.

6 Le Tirage du Charme Féerique

BATTEZ LE JEU, puis étalez-le devant vous en arc de cercle, face cachée. Choisissez quatre cartes au hasard et posez-les devant vous, toujours face cachée, de façon à former un losange : placez la première carte en bas du losange, la deuxième en haut, la troisième à droite et la quatrième à gauche, comme ci-contre. La carte 1 représente le problème qui vous préoccupe, la carte 2 vos sentiments à ce sujet, la carte 3 la situation actuelle et la carte 4, son évolution future.

Battez de nouveau le jeu, étalez-le en arc de cercle comme précédemment, et choisissez trois autres cartes. Posez-les au-dessus du losange de façon à former un triangle : la carte 5 à gauche, la carte 6 à droite et la carte 7 au-dessus des deux autres. Ces trois cartes représentent des influences qui se manifesteront dans l'avenir. Battez le jeu une troisième fois, étalez-le de nouveau en arc de cercle, face cachée, et choisissez deux cartes (8 et 9). Posez-les côte à côte au-dessus de la pointe du triangle. Elles indiquent ce que vous devrez faire pour atteindre votre but : la carte 8 symbolise l'état d'esprit qui devra être le vôtre pour accomplir votre destinée, la carte 9 quelle sera votre contribution pratique. Mélangez et étalez une dernière fois le jeu, face cachée. Choisissez une carte et positionnez-la tout en haut du tirage, comme ci-contre. La carte 10 vous prédit l'issue finale.

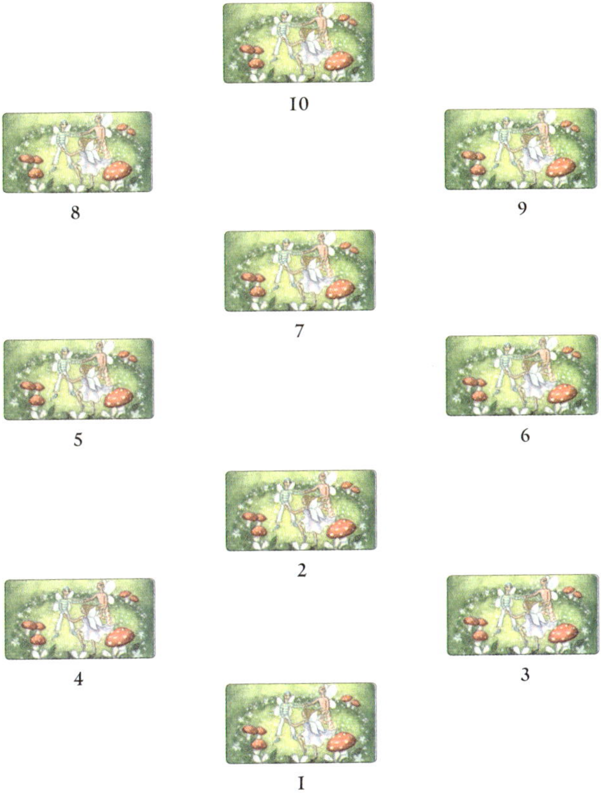
10
8
9
7
5
6
2
4
3
1

7 Le Tirage du Puits des Fées

Retirez les cartes l'Homme Vert et la Marraine Fée du jeu. Posez-les côte à côte, la première à gauche et la seconde à droite. Battez les cartes restantes, choisissez-en sept au hasard, puis positionnez-les ainsi : la carte 3 au-dessus et à gauche de la carte I ; la carte 4 au-dessus et à droite de la carte 2 ; la carte 5 au-dessus et à gauche de la carte 3 ; la carte 6 au-dessus et à droite de la carte 4 ; la carte 7 au-dessus et à gauche de la carte 5 ; la carte 8

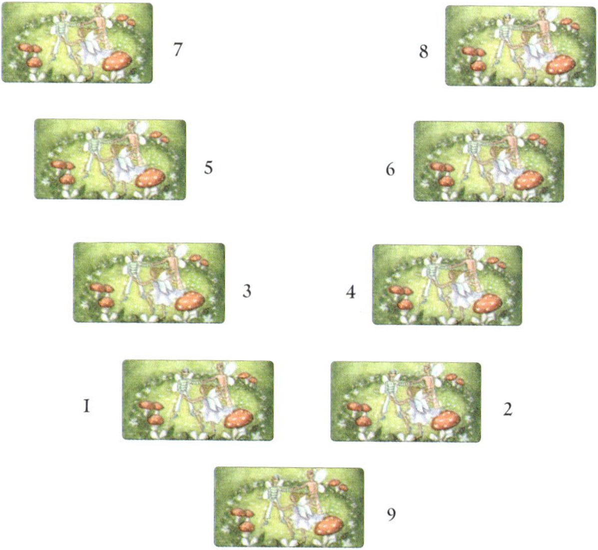

au-dessus et à droite de la carte 6. Placez la carte 9 sous les cartes 1 et 2, comme ci-contre. Retournez ensuite les neuf cartes en respectant l'ordre dans lequel vous les avez tirées. Les cartes 1 et 2 révèlent le présent. Les cartes 3, 5 et 7, situées à gauche, représentent le passé, la septième carte évoquant les faits les plus récents. Les cartes 4, 6 et 8 prédisent comment la situation va évoluer, la carte 8 étant associée au futur le plus lointain. La carte 9 vous révèle quelle sera l'issue finale.

8 Le Tirage du Oui ou du Non

BATTEZ LE JEU tout en vous concentrant sur votre question, puis choisissez trois cartes au hasard et posez-les devant vous, face cachée, comme ci-dessous.

1

2

3

Additionnez les chiffres figurant sur les trois cartes. Si le total obtenu est un chiffre impair, la réponse est « Non ». Si le total est un chiffre pair, la réponse est « Oui ».

9 Le Tirage du Quadrille Enchanté

BATTEZ LES 52 CARTES. Soufflez trois fois dessus tout en formulant votre souhait. Coupez le jeu trois fois de façon à obtenir trois piles, puis soufflez sur chaque tas avant de regrouper les cartes. Tirez les neuf premières cartes et placez-les face cachée sur trois rangées de trois, comme ci-dessous.

Retournez, au choix, une rangée horizontale ou diagonale pour découvrir si votre souhait sera exaucé. La dernière carte vous indiquera la saison durant laquelle il se réalisera. S'il s'agit d'une Fée du Printemps, par exemple, c'est qu'il prendra forme au printemps.

10 Le Tirage de la Divination des Fées

Pour obtenir une réponse à un problème, battez le jeu tout en disant aux Fées représentées par l'ensemble des cartes que les trois cartes que vous allez tirer devront répondre à votre question. Choisissez trois cartes au hasard. Sans les regarder, placez la première carte à gauche, la deuxième à droite et la troisième carte au-dessus des deux autres et au centre, comme ci-dessous.

3

I

2

Retournez les cartes. La carte I représente le présent. La carte 2 montre les événements qui vont faire évoluer la situation. La carte 3 révèle comment le problème va se résoudre et à quel moment.

11 Le Tirage du Carrefour des Fées

BATTEZ LES CARTES, coupez le jeu trois fois, puis mélangez-les de nouveau. Tirez cinq cartes sur le dessus du paquet et alignez-les horizontalement face cachée et de gauche à droite. Tirez huit autres cartes et placez-les verticalement, face cachée, de telle sorte qu'elles croisent la rangée horizontale, comme ci-contre.

Les cartes 1 et 2 représentent le passé. La carte 3 évoque le présent. Les cartes 4 et 5 figurent des obstacles. Les cartes 6 et 7 reflètent vos espoirs et vos attentes. Les cartes 8, 9, 10, 11, 12 et 13 montrent comment la situation évoluera.

6
7
3
1
2
4
5
8
9
10
11
12
13

12 Le Tirage de la Danse des Fées

RETIREZ UNE CARTE DU JEU afin qu'elle vous représente : un Roi si vous êtes un homme, une Reine si vous êtes une femme. Choisissez-la dans la suite correspondant à la saison à laquelle vous êtes né(e). Posez-la devant vous, face cachée.

Battez le jeu puis tirez douze cartes sur le haut du paquet et posez-les en cercle, dans le sens des aiguilles d'une montre, sans les retourner. La première devra se positionner à l'emplacement correspondant à midi sur le cadran d'une horloge, la dernière à l'emplacement correspondant à vingt-trois heures.

Pour savoir ce qui va se passer au cours des douze jours, ou des douze mois à venir, retournez les cartes et déchiffrez-les dans l'ordre où vous les avez tirées.

La Sagesse des Fées
Les Cartes et leur Signification

LES CARTES DE LA SAGESSE DES FÉES vous ouvrent la porte du Royaume de Féerie. Chaque fois que vous serez dans une période de transition et d'incertitude, les cartes de la Sagesse des Fées répondront aux questions que vous vous posez. Les 52 cartes contenues dans le jeu se répartissent en quatre familles, reliées aux saisons qui rythment notre existence : Printemps, Été, Automne et Hiver. Elles correspondent également aux différentes phases de la journée : le matin correspond au printemps, midi à l'été, l'après-midi à l'automne et le soir à l'hiver. Elles symbolisent aussi l'évolution dans le temps de nos relations, de nos projets, etc. Grâce aux cartes, vous pourrez donc connaître les changements qui vont survenir dans votre vie.

Les Fées du Printemps

1. LE ROI DU PRINTEMPS – Il porte une couronne de flocons de neige sur la tête et siège sur un trône recouvert de neige. Il encourage la fertilité.
2. LA REINE DU PRINTEMPS – Grâce à ses ailes, elle vole à travers bois pour s'occuper des fleurs sauvages. Elle aide la nature à donner naissance au printemps.
3. LA NAÏADE – Transparente et ailée, cette fée des eaux veille sur les œufs des poissons.
4. LE LÈPRECHIEN – Il encourage les mortels à comprendre les esprits élémentaires.
5. L'ELFE – Esprit malicieux mesurant environ 1,20 mètre.
6. LE NAIN – Personnage de petite taille au corps massif et râblé qui travaille sous terre.
7. LE TROW – Jeune esprit capricieux, à la queue et aux doigts pointus, qui peut être amical ou malfaisant.
8. LA NYMPHE – Magnifique fée ailée revêtue de voiles, au cœur pur et généreux. Elle adore jouer les Cupidons auprès des amoureux.
9. LA DAME VERTE – Fée ailée de couleur verte, à la fois pragmatique et éthérée. Elle apaise les émotions.
10. LE PEUPLE DE LA PAIX – Fées ailées qui vivent sous l'herbe et laissent des cercles magiques derrière elles quand elles dansent sous la lune.
11. LA DAME NOIRE – Fée nocturne, vêtue de noir, aux oreilles pointues.
12. LA SYLPHIDE – Fée gracieuse, aux ailes de papillon.
13. LE GÉANT – Habitant(e) des bois et des forêts qui prend souvent l'apparence d'un arbre.

Les Fées de l'Été

1. LE ROI DE L'ÉTÉ – Magicien ailé à la peau dorée.
2. LA REINE DE L'ÉTÉ – Fée dorée, revêtue de fleurs.
3. LE GENTIL PEUPLE – Fées ailées qui apparaissent souvent autour des flammes.
4. LE PIXIE – Esprit à la peau claire et aux cheveux roux, vivant généralement dans les bois.
5. LES GNOMES – Créatures souterraines qui aident les plantes à pousser.
6. L'ANGE DE MER – Demoiselle à la longue chevelure et à la queue de poisson.
7. LA BONNE DAME – Gracieuse fée ailée.
8. LE FARFADET – Petit bonhomme haut de 50 centimètres, vivant à proximité des fermes.
9. LE DÉFILÉ DES FÉES – Procession aux flambeaux réunissant tous les habitants de Féerie, notamment le 1er mai et le 21 juin.
10. LA FÉE FLEUR – Fée ailée vivant dans les fleurs, et dont elle prend l'apparence.
11. LES FRAPPEURS – Esprits souterrains, ressemblant à des gargouilles.
12. LA NERÉIDE – Fragile fée de l'air, aux ailes de papillon.
13. LES KORRIGANS – Jeunes esprits ailés et espiègles.

Les Fées de l'Automne

1. LE ROI DE L'AUTOMNE – Magicien portant une couronne de baies, qui encourage la Nature à livrer ses fruits. Il accorde un repos bien mérité.
2. LA REINE DE L'AUTOMNE – Fée parée de guirlandes de feuilles et de baies luisantes. Elle purifie et tient le mal à distance.
3. LE GOBELIN – Créature grotesque affublée d'une longue barbe qui travaille la nuit.
4. LE HOBGOBLIN – Personnage âgé et malicieux, portant une longue barbe.
5. LES NOBLES DEMOISELLES – Très belles fées ailées qui vivent dans des palais en pierres précieuses.
6. LE BROWNIE – Génie domestique qui aide les humains dans leurs tâches quotidiennes.
7. LA GLÉSINE – Esprit aquatique, mi-femme, mi-chèvre.

8. LA SIRÈNE – Très belle nymphe, à la voix ensorcelante.
9. LA MEUVE – Esprit aquatique de couleur verte, tapi dans les eaux peu profondes.
10. LA VOLEUSE D'ENFANT – Vieille femme ridée et voûtée.
11. LES TROLLS – Esprits élémentaires vivant sous terre.
12. LE POOKA – Esprit qui vit dans les buissons de houx et les chênes.
13. LE SANGRE – Habitant des collines qui confère aux humains le don de double vue.

Les Fées de l'Hiver

1. LE ROI DE L'HIVER – Magicien portant une couronne de pierres précieuses, de gui et de houx. Il promet la lumière éternelle dans la noirceur de l'hiver.
2. LA REINE DE L'HIVER – Fée portant une couronne de cristaux de neige. Elle apporte le réconfort en attendant que fonde la glace.
3. L'HOMME VERT – Créature faite de feuillage, dispersant bonne fortune, prospérité et fertilité. L'Homme Vert récompense généreusement les gentils. Votre souhait est exaucé.
4. LES GRÂCES – Fées ailées conférant le don de clairvoyance.
5. LE MANGEQUEUE – Esprit solitaire et indiscret.
6. LES PILLY-WIGGIN – Fées minuscules, de la taille d'une abeille, que l'on trouve près des fleurs sauvages poussant au pied des chênes.
7. LE CLURICAUNE– Esprit malicieux, proche du Brownie.
8. LA BANSHIE – Esprit aux longs cheveux dont les cris retentissent la nuit.
9. LA FÉE AU SOMMEIL DE CENT ANS – Puissante fée ailée et mature qui confère la jeunesse. Elle apporte des rêves prémonitoires.
10. L'ONDINE – Esprit de l'eau agile et évanescent.
11. LA LAMIE – Bête pourvue de quatre pattes, en partie couverte d'écailles et en partie séductrice.
12. LA DAME BLANCHE – Fée vêtue de blanc qui confère le don de double vue.
13. LA MARRAINE FÉE – Elle réalise vos souhaits les plus chers.

Les Fées du Printemps

La SUITE DES FÉES DU PRINTEMPS représente l'élévation, l'ouverture d'esprit, l'attente et la promesse d'une vie nouvelle. Le souffle tiède du printemps répand le renouveau sur les rigueurs de l'Hiver. La nature froide et figée se transforme, donnant naissance aux bourgeons qui écloront pendant l'Été. Les graines sont des forces en gestation : leurs germes deviendront des branches foisonnantes, portant les fruits de l'espoir et de l'abondance.

1 Le Roi du Printemps

UNE LANTERNE MAGIQUE ÉCLAIRE
LES MARCHES DE LA SAGESSE
DANS L'ESCALIER DU BONHEUR.

UN CHANGEMENT INATTENDU projette un éclairage nouveau qui disperse les ombres de l'indécision. En privilégiant l'observation plutôt que l'action, vous atteindrez le but que vous vous êtes fixé. Le printemps vous révélera où l'amour se cache et dans quelle direction le destin vous fait signe. Les portes du succès s'ouvrent devant vous, dévoilant des territoires inconnus. Après les ténèbres du passé, le paysage radieux qui s'offre à vous paraîtra d'autant plus lumineux. Votre bonne fortune est assurée si vous semez maintenant afin de pouvoir développer tout votre potentiel.

2 La Reine du Printemps

UN RÊVE QUI SE TISSE DEVIENDRA RÉALITÉ. VŒU FORMULÉ EST À MOITIÉ EXAUCÉ.

VOUS ÊTES LE PROPRE ARTISAN de votre bonheur. La lumière est apparue dans votre vie grâce à une vision claire de votre avenir. Un nouveau départ se dessine. Un projet fleurit et éclôt, permettant des échanges inattendus. Votre travail portera ses fruits dans le futur. Ce dont vous rêvez est à portée de main. Succès et récompenses salueront votre persévérance et votre sérénité. L'amour vous offrira une seconde chance. Le printemps répondra aux attentes de votre cœur.

3 La Naïade

DES ÉMOTIONS SECRÈTES REMONTENT À LA SURFACE POUR ÉCLORE AU GRAND JOUR.

LE FLUX ET LE REFLUX de la marée vous conduiront vers des horizons plus vastes, peut-être même par-delà les mers. Une situation extraordinaire se lève dans le ciel de votre vie, faisant jaillir tout autour de vous des cascades limpides de bonheur. Les obstacles s'évaporent. Votre faculté d'écoute produit une forte impression sur une de vos relations, qui n'aura de cesse de réaliser vos rêves les plus chers. Prenez vos sentiments en compte, même s'ils sont fugitifs, et accordez-vous le temps de la réflexion. Tous les signes sont positifs. Vous n'avez rien à craindre, et beaucoup à espérer.

4 Le Lèprechien

LES SIGNES SONT FAVORABLES.
CROIRE À SA CHANCE, C'EST LUI
PERMETTRE DE SE RÉALISER.

SEULS VOS DOUTES limitent votre potentiel. Vous devez croire en vous-même pour que vos souhaits se réalisent. Le destin a parfois besoin d'un coup de pouce : utilisez le temps de façon créative et développez votre imagination afin de retrouver votre équilibre. Vous recevrez sous peu des nouvelles encourageantes, peut-être venues de l'autre côté des mers ou de très loin. D'ici quelque temps vous devriez récolter un gain financier et apprécier de nouvelles relations. Au final, vous serez en accord total avec votre vie et vous-même.

5 L'Elfe

LA LUMIÈRE DE L'AMOUR ET DE
LA BIENVEILLANCE BRILLE DE MILLE FEUX.
LE BONHEUR RÉPAND SON RAYONNEMENT.

UN FAUTEUR DE TROUBLE vous a causé des problèmes, mais votre force de caractère, votre détermination et votre foi inébranlable en une puissance supérieure vous assureront la victoire. Le moment est venu pour vous de prendre l'initiative. Concentrez toute votre énergie sur ce qui était jusqu'ici un dilemme émotionnel et l'amour sera votre récompense. Votre bonne fortune a été longue à venir et ce don des étoiles est amplement mérité. Vous visiterez des lieux inhabituels et amusants et rencontrerez des gens stimulants, qui feront naître en vous de nouveaux sujets d'intérêt.

6 Le Nain

LES DONS DES FÉES SE MANIFESTENT COMME DES TRÉSORS TERRESTRES ET SPIRITUELS.

QUELQU'UN POSSÉDANT UN CŒUR EN OR vous couvrira de présents et de pierres précieuses. Vous acquerrez les perles de la sagesse grâce à une étrange prédestination. Un problème se résout à la racine, apportant croissance et fécondité. La lumière de bonheur répand sur vous un halo d'optimisme au moment opportun. Vous pourriez étendre de nouvelles racines dans un champ d'activité promis à s'épanouir et à prospérer dans le temps.

7 Le Trow

LES FÉES VOUS ASSURENT AMOUR ET PROTECTION.
OSEZ, VOUS SEREZ RÉCOMPENSÉ.

SE CONTRÔLER SOI-MÊME, c'est contrôler sa vie. Savoir s'adapter est la clé de la survie et du succès dans ce monde imprévisible. Vous allez devoir prendre des décisions courageuses et mûrement réfléchies, notamment dans le cadre de votre travail. L'opportunité d'une nouvelle carrière s'offre à vous et votre aptitude à maîtriser de nouveaux secteurs de compétence rehausse l'estime qu'on vous porte. Certaines personnes dans votre entourage envient vos gains, obtenus en apparence sans effort. L'avenir est plus lumineux que le passé et votre vie répond de plus en plus à vos attentes. Vous êtes heureux, en particulier en amour.

8 La Nymphe

LE SUCCÈS EST À VOTRE PORTE.
LA PUISSANCE DE L'AMOUR VOUS INSPIRE
ET VOUS SOUTIENT.

UNE INTERVENTION SURNATURELLE vous emportera vers des cimes inexplorées. Vous êtes environné(e) de signes prometteurs et favorables. Vous communiquerez beaucoup avec celui (celle) que vous aimez. Amour et justice iront de pair. Vous pourriez rencontrer un nouvel amour ou vous lier d'amitié avec des gens qui vous pousseront à aller de l'avant. Une force inattendue pourrait vous propulser comme un tremplin vers une autre vie. Votre mérite est enfin reconnu. La Nymphe adore jouer les Cupidons auprès des amoureux.

9 La Dame Verte

DES OPPORTUNITÉS SE PRÉSENTENT.
L'AMOUR EST UNE SOURCE DE
CRÉATIVITÉ QUI GUÉRIT TOUS LES MAUX.

QUELQU'UN A BESOIN D'ÊTRE SOUTENU et entouré. Une personne bien intentionnée lui donnera des conseils avisés. Votre vie est harmonieuse à la maison et parfaitement organisée au travail. Achats, ventes, tractations, contrats : tout vous réussit. La chance vous sourit. Attention, néanmoins, à ne pas vous laisser griser par les sirènes du succès... Le bonheur habite votre corps et votre esprit – réjouissez-vous ! Vous allez réaliser de grandes choses. Vos amis et vos proches sont impressionnés et apprécient votre compagnie.

10 Le Peuple de la Paix

PAIX ET HARMONIE
RÈGNENT EN MAÎTRES.
VOS SOUHAITS SE RÉALISENT.

LA BONNE FORTUNE QUI VOUS EST PROMISE fera régner douceur et sérénité dans votre vie. Des brassées de bonheur ineffable vous attendent, en particulier dans un domaine qui vous tient à cœur. Votre tolérance sera récompensée par l'amour et l'harmonie de votre foyer. Les querelles s'apaisent et le calme revient. Vous savourerez une oasis de quiétude et de sécurité longtemps attendue et amplement méritée.

11 La Dame Noire

UN PROJET SÉRIEUX PORTE SES FRUITS.
DES IDÉES PROPHÉTIQUES
DEVIENNENT RÉELLES.

FIEZ-VOUS À CE QUE DICTE VOTRE INSTINCT et vous sortirez victorieux(se) d'une période de mise à l'épreuve. Votre ingéniosité se traduira par un gain financier inattendu ou par une récompense venant d'un ami, un proche ou un employeur. Des projets professionnels et des engagements sociaux vous amèneront à découvrir des lieux et des gens nouveaux, et à accomplir des choses étonnantes. Votre patience et votre persévérance seront récompensées au-delà de vos espérances, et au meilleur moment qui soit. Votre marraine la Fée n'a jamais été aussi occupée à vous combler de bienfaits.

12 La Sylphide

UNE BAGUETTE MAGIQUE RÉPAND
SUR VOUS UNE FINE PLUIE D'ÉTOILES.
VOS VŒUX VONT ÊTRE EXAUCÉS.

UNE AURA DE CHANCE nimbe vos affaires de cœur. Vous pourriez rencontrer très prochainement la personne de vos rêves. Le bonheur vous escorte dans un nouveau cadre de vie ou sur votre lieu de travail. De nouvelles amitiés se formeront et d'anciens liens pourraient se renouer, bouleversant toutes les données. Vous allez entrer dans une période de changement qui vous sera bénéfique ainsi qu'à vos proches. Votre cœur s'ouvrira. Des temps heureux vous attendent, dans le meilleur des mondes possible.

13 Le Géant

VOUS PROGRESSEZ À GRANDS PAS
VERS LA LUMIÈRE.
LES OMBRES S'EFFACENT.

DES JOURS MEILLEURS SONT DEVANT VOUS. Préparez-vous à recevoir des invitations inattendues. Un renversement de situation fera basculer la chance de votre côté, vous permettant de réaliser vos vœux et d'acquérir la paix de l'esprit. Vous pourriez être amené(e) à effectuer un voyage d'une très grande importance, qui permettra à vos espoirs de se concrétiser. Vous consacrerez beaucoup de temps à un projet. Une offre que vous êtes sur le point de recevoir pourrait évoluer de façon beaucoup plus gratifiante que prévu. N'hésitez pas à saisir au vol tous les moments précieux qui se présentent à vous. Le temps du succès est venu.

Les Fées de l'Été

LA SUITE DES FÉES DE L'ÉTÉ représente le bonheur, la plénitude et l'accomplissement de soi à leur zénith. C'est un moment d'épanouissement, où tout devient possible. De même que l'orage disperse les tensions lors des grosses chaleurs, les Fées de l'Été dissipent les malentendus.

1 Le Roi de l'Été

VOS ATTENTES
SONT À LA MESURE
DE VOTRE MÉRITE.

VOUS VIVREZ UN ÉTÉ DE RÊVE, où chaque jour ressemblera à un paradis sur terre. Vos supérieurs vous témoigneront leur estime en vous confiant un poste privilégié à la mesure de vos capacités. Des influences positives vous entourent. Vous pourriez être amené(e) à signer des documents juridiques ou des papiers officiels. En amour, quelqu'un vous révélera ses tendres sentiments. Son cœur est sincère et loyal. Sa présence à vos côtés sera un bonheur que vous ne chercherez plus à dissimuler. Vous savourerez votre chance.

2 La Reine de l'Été

LE SOLEIL NE SE COUCHERA PAS SUR VOS RÊVES. VOTRE VIE REFLÈTE LA COULEUR DE VOS PENSÉES.

VOUS VOUS ÉLANCEREZ TRÈS HAUT dans un monde nouveau, où vous rayonnerez de la lumière de votre plénitude intérieure. Vous êtes en train de vous accomplir en devenant celui (celle) que vous avez toujours voulu être. Si vous continuez à dominer votre destinée, rien ne pourra empêcher votre bonne fortune et les bienfaits dont vous serez comblé(e). Votre énergie et votre vitalité pourraient vous pousser à rechercher une place ou une promotion dans laquelle vous flamboierez comme le soleil.

3 Le Gentil Peuple

RESPECT ET SURPRISE SE MÊLENT. LA CHANCE EST AU BOUT DU CHEMIN.

DE BONNES NOUVELLES vont vous parvenir prochainement. Vous trouverez au moment opportun de l'aide, provenant de personnes haut placées. Vous atteindrez vos objectifs en choisissant la voie du bien. Vous pourriez vous engager dans une nouvelle direction, en décidant de vous ranger résolument du côté des gentils, sachant que vous ne pouvez pas tout avoir. Vous serez invité(e) en brillante compagnie où vous rayonnerez de la lumière du bonheur et de la sagesse. Des opportunités vous attendent, que vous ne devrez pas laisser passer car elles sont rares et précieuses.

4 Le Pixie

DES PANNEAUX JALONNENT LA ROUTE ENCHANTÉE. DES PRÉDICTIONS SE MANIFESTENT DE FAÇON VISIBLE.

UNE PÉRIODE DE JOIE DÉBORDANTE vous attend, en bonne compagnie. Veillez néanmoins à ne pas vous laisser emporter par l'enthousiasme du moment et à ne pas compromettre votre avenir pour un caprice passager. La chance qui s'offre à vous de vous engager dans la voie du bonheur ne se présentera pas deux fois. Pour ne pas vous égarer en route, gardez constamment votre destination à l'esprit. Ce qui vous importe le plus est à la portée de votre main. La chance qui vous accompagne ne vous permettra pas de perdre votre objectif de vue.

5 Les Gnomes

LA PROVIDENCE EST SOURCE DE SAGESSE. LES DÉSIRS FAÇONNENT LE RELIEF DE LA VIE.

VOUS CONNAÎTREZ LA PROSPÉRITÉ ET LE SUCCÈS. Vous plantez de solides racines dans le champ d'action que vous avez choisi. La patience et la persévérance finiront par germer et produire des résultats visibles. Aucun obstacle ne sera insurmontable si vous faites preuve de souplesse et de ténacité. Des soutiens amicaux accélèrent votre progression. Vos désirs se réaliseront mais il vous faudra faire preuve de patience et de persévérance, et ne pas vous laisser décourager par les retards ou les temps morts. N'oubliez pas que l'opportunité se présente souvent sous un déguisement.

6 L'Ange de Mer

Des secrets célestes et terrestres
deviennent aussi clairs que
du cristal. Des aspirations de l'âme
se transforment en réalité.

Ce que vous voyez et entendez vous rendra avisé(e) et réservé(e) dans vos propos. Une situation qui se présente à vous pourrait ne pas refléter la réalité. Méfiez-vous des non-dits. Vous serez peut-être amené(e) à demander conseil auprès de vos amis ou de votre famille pour prendre une décision d'une importance majeure qui engage votre avenir. En évitant les couloirs hasardeux de la vie, vous accéderez à un monde nouveau, fourmillant d'opportunités, où vous vous épanouirez.

7 La Bonne Dame

La bonté
est au cœur
de toute destinée.

Vous serez introduit(e) dans des cercles sociaux qui vous ouvriront les yeux et vous feront découvrir de nouveaux horizons. La politesse et le tact peuvent aisément venir à bout des personnes les plus difficiles et votre charme en séduira plus d'un(e). Une rencontre inattendue pourrait jouer un rôle très important dans votre vie et transformer votre existence de façon positive et durable. L'attirance sera réciproque et instantanée. Il s'agit peut-être de l'ami(e) véritable que vous recherchez depuis toujours.

8 Le Farfadet

L'EXALTATION DU SUCCÈS
RÉSONNE DANS VOTRE CŒUR.
LE PLAISIR EST PARTAGÉ.

CERTAINES INFLUENCES FAVORISANT le changement vous permettront de souffler un peu, notamment en améliorant vos conditions de travail ou votre vie familiale. Vous recevrez très prochainement une prime ou une récompense. La flamme de la passion amoureuse brûlera en vous. Vous serez invité(e) à des soirées, il y aura des préparatifs de fêtes et vous aurez tout loisir de savourer les fruits de votre travail. Vous passerez de très bons moments en agréable compagnie. Une histoire d'amour vous réserve des joies sans précédent. Le temps vous dira s'il s'agit d'une romance passagère ou d'une relation durable.

9 Le Défilé des Fées

LE DÉSIR ET L'AMOUR VOUS APPELLENT.
LA NATURE RÉPOND
À VOS PRIÈRES.

LA SYMPATHIE ET L'AFFECTION rassembleront autour de vous des personnes bienveillantes qui se mobiliseront pour vous aider à trouver l'âme sœur. Votre générosité est appréciée et favorisera la réalisation de vos souhaits. Des gens conspireront pour vous faire rencontrer quelqu'un – peut-être à l'occasion d'un anniversaire ou d'un événement saisonnier impliquant un voyage. La lumière vive d'un amour sincère brillera sur vous de tous ses feux. Vous évoluerez au milieu d'un cercle d'amis, anciens et nouveaux. Des échanges enrichissants et des surprises agréables vous attendent. Rien ne peut faire obstacle à votre bonne fortune.

10 La Fée Fleur

VOS SOUHAITS ÉCLORONT
ET FLEURIRONT.
LA FOI EST LA SÈVE DE L'OPTIMISME.

QUELQU'UN QUI N'ASPIRE QU'À VOTRE BONHEUR se pliera à tous vos désirs car son seul souhait est de vous rendre heureux(heureuse). Deux êtres faits l'un pour l'autre se rencontreront. Des problèmes non résolus trouveront une issue harmonieuse. Vous pourriez recevoir un présent d'une personne bien intentionnée ou la visite de quelqu'un qui se sent de plus en plus attiré par vous. Vous serez également amené(e) à vous rendre dans des endroits qui joueront un rôle important dans votre vie. Lorsque vous serez reposé(e), au calme et que vous aurez analysé ce que vous attendez de l'avenir, vous obtiendrez satisfaction.

11 Les Frappeurs

LES CŒURS PURS SONT TOUJOURS
RÉCOMPENSÉS. LA PAIX RÈGNE
SUR VOTRE ESPRIT.

CEUX QUI VOUS ONT CAUSÉ DU TORT finiront par en payer les conséquences. Avec le temps, vous sortirez vainqueur de cette épreuve. Votre sagesse a une influence bénéfique sur les autres, qui vous rendent la pareille en vous renvoyant une image positive de vous-même. Une surprise d'ordre émotionnel vous apportera la lumière au moment où vous vous y attendez le moins. Votre bonté naturelle est votre meilleure protection car elle vous escorte partout où vous allez. Vous serez amené(e) à prendre une décision qui repoussera les limites du possible. Avec le recul, vous aurez conscience du chemin parcouru.

12 La Néréide

L'AMOUR FINIT TOUJOURS
PAR TROUVER SON CHEMIN.
DEUX CŒURS S'UNIRONT.

VOUS ÊTES AMOUREUX(AMOUREUSE) et réaliserez très bientôt que cette histoire d'amour pourrait se terminer comme un conte de fées. Une romance au parfum d'aventure s'apprête à vous entraîner dans des lieux pittoresques qui donneront de la couleur à votre vie. Le charme s'enveloppera de mystère si vous êtes loin de celui (celle) que vous aimez. Vous finirez néanmoins par vous rejoindre et votre tristesse cédera la place à la joie. Vous échangerez de tendres promesses et partagerez des moments de pur bonheur marqués par la sincérité de votre engagement mutuel.

13 Les Korrigans

LE SOLEIL RADIEUX TRANSFORME
LES BOUTONS EN FLEURS. LA DOUCEUR
FAVORISE L'ÉPANOUISSEMENT.

VOUS VIVREZ DES MOMENTS MAGIQUES et rayonnerez de bonheur. La chance pourrait vous amener à vous lancer dans une entreprise qui deviendra un passe-temps divertissant ou une activité à part entière. Vous parviendrez à vos fins sans délai et sans rencontrer d'obstacles. Le destin vous ouvre la voie vers de nouvelles relations. Vous devrez voyager pour les rencontrer et certains de ces contacts déboucheront sur une amitié durable, voire sur un travail ou un hobby qui vous comblera.

Les Fées de l'Automne

LA SUITE DES FÉES DE L'AUTOMNE représente le temps de la moisson dans le cycle de la vie. C'est une période de plénitude, où ce qui a été semé peut être récolté. C'est aussi un moment crucial où il faut prendre des décisions et faire des choix importants concernant l'avenir. Les Fées de l'Automne incarnent la couleur de la vie et montrent comment le paysage peut changer, tout à la fois graduellement et soudainement.

1 Le Roi de l'Automne

LE BOIS MORT EST ÉLAGUÉ.
L'HARMONIE EST UN ART
QUI MULTIPLIE VOTRE EFFICACITÉ.

VOUS COUPEREZ les rameaux morts de votre existence et préserverez vos principes pour éviter leur dessèchement. Loin d'affaiblir votre résolution, une période de solitude renforcera vos certitudes. La réalité d'une situation vous apparaîtra clairement. Avec le temps, une personne obstinée finira par vous respecter et se rallier à votre point de vue. Tout ira bien. Au terme de l'épreuve, vous obtiendrez cette liberté de choix à laquelle vous aspiriez, en particulier en amour.

2 La Reine de l'Automne

LA MORT EST SOURCE DE RENAISSANCE.
VOTRE VIE SPIRITUELLE EST HABITÉE
PAR UNE PRÉSENCE.

VOTRE LUMIÈRE INTÉRIEURE illuminera la vie de tous ceux qui sont attirés par la richesse de votre savoir. Ils approfondiront votre connaissance de la vie et contribueront à augmenter la rémunération des fruits de votre labeur. Vous pourriez vous libérer de certaines influences pernicieuses en concentrant votre énergie et votre volonté sur des projets d'avenir. Vous atteindrez votre objectif en travaillant exclusivement dans une direction. Votre détermination est votre alliée. Tout ce qui est futile et secondaire s'efface et disparaît.

3 Le Gobelin

LA PERSÉVÉRANCE ALLIÉE
À L'INTUITION ÉCLAIRE
LE CHEMIN.

VOUS PUISEREZ UNE FORME DE SAGESSE dans une expérience amère qui mettra à l'épreuve vos certitudes. Grâce à votre constance, votre confiance et votre persévérance, vous prouverez que la flamme de la foi ne peut s'éteindre. La chance pourrait se présenter à vous sous une forme détournée et déconcertante, en apparence à l'opposé de ce que vous attendez. La lumière se fera à la suite d'une série d'événements : ce qui vous semblait bizarre vous apparaîtra alors comme une bénédiction. Vos souhaits se réaliseront au moment opportun, dans le lieu de votre choix et avec les personnes adéquates.

4 *Le Hobgobelin*

DES FORCES INVISIBLES
VOUS TENDENT UNE MAIN
SECOURABLE.

LE BIEN-ÊTRE ET LA PAIX DE L'ESPRIT constituent une source de bonheur au quotidien qui éveille en vous des projets d'avenir. Les problèmes disparaîtront d'eux-mêmes parce que vous vous concentrerez sur le but que vous vous êtes fixé. En utilisant vos ressources avec plus de modération, vous arriverez à vos fins. Votre instinct pourrait vous dicter de remettre en question certaines valeurs peu appréciées et de prendre vos distances pour définir de nouvelles règles du jeu. Le flou dont vous vous entourez mobilise des forces invisibles.

5 *Les Nobles Demoiselles*

QUAND LA NUIT EST NOIRE, LES ÉTOILES
VEILLENT. DES FORCES SUPÉRIEURES
VOUS PRÊTENT LEUR SOUTIEN.

VOTRE CONNAISSANCE D'AUTRUI et la sagesse apportée par vos expériences personnelles vous mettront en contact avec la personne, la situation ou l'opportunité idéales. Au final, vous serez reçu(e) avec enthousiasme dans des réunions brillantes, en chaleureuse compagnie. Ce succès en entraînera d'autres, encore plus gratifiants, qui s'étendront à tous les domaines de votre vie. À la suite d'une nouvelle étonnante, quelqu'un vous témoignera une grande affection. Votre famille vous réchauffera de sa présence, renforçant votre caractère sociable. De nouvelles connaissances pourraient devenir des amis fidèles.

6 Le Brownie

DEMANDEZ ET VOUS RECEVREZ.
VOS PENSÉES ET VOTRE CŒUR
DÉBORDENT DE TENDRESSE.

VOUS ALLEZ DEVOIR FAIRE FACE À PLUSIEURS CHOIX CORNÉLIENS – il vous faudra prendre des décisions cruciales. Des personnes de confiance vous pousseront à secouer votre léthargie ou à vous engager dans une relation, l'encourageant à se développer. Vous écarterez des options peu sûres pour vous concentrer sur des projets concrets, susceptibles de dégager de véritables perspectives. Quelques soucis passagers s'effaceront rapidement, permettant à tous vos espoirs de se réaliser. Votre conviction fera des miracles quand vous prendrez conscience qu'une main occulte vous guide et vous protège.

7 La Glésine

LE DON DE DOUBLE VUE DESSILLE
VOS YEUX. L'AMOUR TRIOMPHE
DE LA HAINE ET DE LA PEUR.

VOUS BÉNÉFICIEREZ D'INFORMATIONS PRIVILÉGIÉES dans une situation préoccupante. Un médiateur vous communiquera des renseignements utiles avant une discussion importante. Croyez à la réussite de votre entreprise et évitez les extravagances. Vous pourriez être amené(e) à dépenser de l'argent pour des futilités tout en vous concentrant sur des décisions que vous seul(e) pouvez prendre. Toutes vos expériences malchanceuses sont balayées et enterrées : vous pouvez donner libre cours à vos aspirations.

8 La Sirène

Votre appel a été entendu.
La réponse ne tardera pas
à vous parvenir.

Quelqu'un à qui vous pensez répondra à votre appel. Vous pouvez obtenir ce que vous voulez de la vie à condition de vous donner les moyens de réaliser vos rêves. En travaillant à améliorer votre situation financière et en permettant à votre talent de s'exprimer pleinement, vous ramènerez le bonheur et la sérénité dans votre vie. Vos aptitudes seront appréciées dès l'instant où vous les ferez connaître. Les obstacles s'effaceront. Au moment même où vous vous croirez dépourvu(e) de tout, vous découvrirez que vous êtes sur le point de posséder l'univers.

9 La Meuve

Les choses ne sont pas toujours
ce que l'on croit.
La lumière vient de l'intérieur.

Un revirement heureux retourne la situation à votre avantage car vous restez fidèle à vos convictions et refusez les compromis hasardeux. Vous serez peut-être amené(e) à vous demander si la direction dans laquelle vous vous êtes engagé(e) répond réellement à vos attentes. Tous les espoirs vous sont permis car vous êtes ouvert(e) aux propositions qui peuvent changer votre vie. Vos souhaits seront exaucés sous peu et vous serez récompensé(e) au-delà de vos espérances.

10 La Voleuse d'enfant

MÊME LES FRUITS TOMBÉS
DE L'ARBRE RENFERMENT
DES GRAINES FERTILES.

DES VOIX S'OPPOSANT À DES INTÉRÊTS FINANCIERS ou professionnels pourraient s'élever et vous faire du tort. Vous sortirez grandi(e) de cette situation conflictuelle qui sera pour vous l'occasion de prouver votre honnêteté et votre bonne foi. Un changement magique interviendra dans votre vie. La générosité est parfois récompensée de façon surprenante. Le sort vous est favorable et vous apportera la réponse que vous espérez et méritez.

11 Les Trolls

DE LA CONSTANCE
NAÎT LA LUMIÈRE.
LA PAIX HABITE VOTRE ESPRIT.

VOUS POURSUIVREZ SEREINEMENT VOTRE OBJECTIF afin de vivre la vie dont vous rêvez. Grâce à votre volonté sans faille et en dépit des obstacles, vous atteindrez le but que vous vous êtes fixé. Ce sera pour vous un sujet d'intense satisfaction, que vous ressentirez au plus profond de votre cœur. Même si la prudence dicte toutes vos actions, vous ne dédaignez pas de prendre de temps à autre des risques mineurs. En saisissant votre chance et en restant impavide face au doute, vous prouverez votre valeur et relèverez un défi avec succès.

12 Le Pooka

LA NATURE TISSE SON CHARME MAGIQUE. LE TEMPS DU RENOUVEAU SUCCÈDE À CELUI DU REPOS.

UN VENT FAVORABLE souffle et répand une pluie de récompenses qui vous redonne confiance en vous et vous pousse à aller de l'avant. Un problème trouvera sa solution et les choses se remettront en place toutes seules. Même les échecs se transformeront en victoires. Votre esprit redevenu lucide et serein donne toute la mesure de sa valeur. Votre succès est le fruit de votre expérience. On vous félicitera et votre modestie naturelle accroîtra encore le respect que l'on vous porte.

13 Le Sangre

L'OMNISCIENCE EST EN VOUS. VOTRE OPTIMISME VOUS OUVRE DES PORTES.

VOTRE INTUITION PERMET DE VOIR LOIN. Votre souhait se réalisera très certainement. Votre enthousiasme vous conduit au succès auquel vous aspirez. Le temps et la patience sont vos meilleures armes : grâce à elles, vous modelez le présent et préparez l'avenir. Vous savez que tôt ou tard vos efforts seront reconnus. Le quotidien occupe une place de plus en plus importante dans votre vie et vous procure une satisfaction qui débordera largement le présent. À votre grand étonnement, vous pourriez recevoir des nouvelles d'une personne que vous ne voyez plus depuis longtemps.

Les Fées de l'Hiver

La suite des Fées de l'Hiver représente une période de repos, voire de stagnation. Les Fées de l'Hiver annoncent une phase de réflexion, hors du temps. À partir d'une situation où règnent à la fois immobilisme et agitation, elles retracent le cheminement nécessaire à la réalisation d'un projet de vie. Elles démontrent aussi qu'il est possible de transformer le mal en bien et que de bonnes graines peuvent germer sur un sol aride.

1 Le Roi de l'Hiver

La nuit porte
les germes
de la lumière.

Parce que vous êtes maître de votre propre destin, vous serez amené(e) à prouver votre valeur et suivrez le chemin qui vous est tracé. Une nouvelle sphère d'influences vous éloigne de certaines relations réductrices. Quelqu'un que vous respectez vous rendra un service ou vous témoignera de la sympathie. Cette attention vous touchera d'autant plus qu'elle est inattendue. Vous pourriez recevoir une nouvelle tout aussi surprenante par courrier. Vous entrez en contact avec de nouvelles relations avec lesquelles vous vivez des moments de pur bonheur.

2 La Reine de l'Hiver

UN SOMMEIL PAISIBLE
ET PROFOND PRÉCÈDE
UN MATIN GLORIEUX.

VOUS ÊTES DOTÉ D'UNE TROP GRANDE « clairvoyance » pour gaspiller vos efforts dans de vaines actions. Les esprits impurs sont incapables de saisir les moments de magie. L'imaginaire ou les manifestations surnaturelles n'ont strictement aucun intérêt à leurs yeux. Partager les dons des Fées avec des mortels indignes est comme jeter des perles à des pourceaux. Il est de la responsabilité de chacun d'assumer ses devoirs et ses priorités. Vous serez récompensé(e) par un charme magique qui répandra sur vous chance et bonne fortune.

3 L'Homme Vert

L'ABONDANCE TOUJOURS VERDOYANTE
NE FAILLIT PAS. DE LA FERTILITÉ
NAÎT LA RENAISSANCE.

VOTRE VIE sera à la hauteur de vos espérances si vous renoncez à ce que vous êtes aujourd'hui pour vous conformer à ce que vous voudriez devenir. De nombreux obstacles ont déjà été surmontés. En vous préparant à vivre la situation de vos rêves, votre cœur s'ouvrira au bonheur et votre corps comme votre esprit se mobiliseront pour vous permettre d'atteindre votre objectif. Ne soyez pas tenté(e) de baisser les bras dans un moment de découragement car c'est à cet instant que le vent tournera en votre faveur et que vos souhaits seront exaucés. Les embûches placées sur votre route ne seront que des contretemps dont vous triompherez.

4 *Les Grâces*

LES FÉES FONT DÉFERLER SUR VOUS UNE PLUIE DE CADEAUX.

LA CHANCE VOUS OFFRE des opportunités très plaisantes. Des problèmes qui vous préoccupaient tout particulièrement ne vous paraissent plus aussi angoissants. Votre intuition se développe. Quelqu'un pourrait vous aider à ouvrir les yeux et à prendre conscience de certaines choses que vous ne vouliez pas voir. Vous pourriez également recevoir des informations sur des faits dont certaines personnes ont été témoins en votre absence. Des nouvelles choquantes au premier abord se révéleront positives. La transparence d'une situation vous permettra d'aller de l'avant.

5 *Le Mangequeue*

MIEUX VAUT REGARDER AU LOIN QUE S'ARRÊTER POUR BUTINER EN CHEMIN.

PRENEZ GARDE À NE PAS VOUS AVENTURER sur une couche de glace trop fine. Quelqu'un habituellement bien disposé à votre égard pourrait vous chercher querelle. Une personne secourable s'attachera à vous pendant qu'une autre se sentira délaissée et prendra ses distances. Vous êtes trop avisé(e) pour renoncer à vos amis véritables. Des problèmes anciens trouveront des solutions. Votre prudence et l'attention que vous portez aux détails rassureront votre entourage. L'atmosphère se réchauffe autour de vous. Une période de satisfaction et de paix durable s'ouvre devant vous.

6 Les Pilly-Wiggin

RÉCOMPENSES
ET GRATITUDE
PLEUVENT SUR VOUS.

VOUS TIRERez PARTI DE TOUTES les opportunités nécessaires à la réalisation de votre but ultime. Vous avez parfaitement conscience des sacrifices que vous devez faire pour atteindre votre objectif et n'hésiterez pas à risquer ce que vous possédez à ce jour pour miser sur le long terme. Votre détermination à réussir crée autour de vous un courant magique qui attire la bienveillance des Fées. Les lauriers de la gloire vous sont promis. Vous recevrez des témoignages d'admiration et de gratitude.

7 Le Cluricaune

L'HARMONIE PRÉVAUT.
DES OPPORTUNITÉS EN OR
VOUS ATTENDENT.

QUELQU'UN NE VIT QUE POUR VOUS et vous le prouve de jour en jour par des mots et des actes d'amour. La protection que les Fées étendent sur vous n'autorise personne à infléchir vos sentiments sans votre autorisation. Votre équilibre intérieur vous permet de relativiser les revers comme les succès pour mieux vous consacrer aux autres. Écoutez votre cœur – à chaque battement, le bonheur s'approchera un peu plus de vous, transporté sur les ailes transparentes des Fées. Votre soif d'accomplissement sera récompensée. Toute dispute a une fin et l'harmonie régnera avec vos amis et votre famille.

8 La Banshie

LE FLUX DES ÉMOTIONS MONTE ET DESCEND COMME LA MARÉE. À UNE FIN SUCCÈDE TOUJOURS UN NOUVEAU DÉPART.

EN RÉUSSISSANT À VOUS DÉGAGER d'une situation embrouillée, vous mettrez instantanément un terme à un problème apparemment insoluble. Vous pourriez avoir l'impression que certaines personnes autour de vous freinent votre progression et que quelqu'un que vous preniez pour un(e) ami(e) trahit votre confiance. Une découverte importante et soudaine vous permettra de faire un choix décisif et il en résultera pour vous beaucoup plus de joie que vous ne l'imaginiez. Peu après, vous rencontrerez quelqu'un qui se révélera un véritable ami. Les rires succéderont aux larmes.

9 La Fée au Sommeil de Cent Ans

DE JOLIS RÊVES APPORTENT DES VISIONS PRÉMONITOIRES.

UN ÉVÉNEMENT INCONTOURNABLE vous mettra face à votre destin. Confronté(e) à une situation qui a atteint un point de non-retour, vous trouverez la motivation de continuer à aller de l'avant grâce à un sixième sens qui vous permettra de démêler le bien du mal et de prendre les bonnes décisions. Vos doutes s'effaceront. Le repos est indispensable pour votre récupération. C'est pendant votre sommeil – à condition que vous dormiez à des heures raisonnables – que vous trouverez tout naturellement les réponses à vos problèmes. N'ayez aucune inquiétude ; les obstacles sont mineurs et tout finira par s'arranger.

10 L'Ondine

LE COURANT
DES ÉMOTIONS
CHANGE DE DIRECTION.

LES TEMPS CHANGENT ET LES EXIGENCES AUSSI. Tout ira bien si vous avez la capacité de nager dans le sens du destin et de préserver ce qui a sombré au fond de l'oubli. Quelqu'un pourrait échouer à une épreuve que vous avez mise en place pour le tester, rendant votre réaction prévisible et vous incitant à prendre vos distances. Vous pourriez vous tourner vers quelqu'un d'autre, mais sans vous impliquer personnellement pour autant. Avec le temps, vous prendrez conscience que vous êtes porté(e) par une vague déferlant vers le succès.

11 La Lamie

DES VAGUES ÉTHÉRÉES
RÉPANDENT UN CHARME
MAGIQUE.

VOTRE CONFIANCE EN VOUS SERA AIGUILLONNÉE par une situation délicate dont vous réussirez à venir à bout à force de patience et de détermination. Certaines personnes pourraient se montrer ambiguës, et leurs motivations difficilement compréhensibles. Vos projets pourraient en pâtir. Quelqu'un qui vous jalouse essaiera de séduire votre partenaire ou de s'emparer de quelque chose qui vous appartient de façon légitime. Mais gardez espoir, tout n'est pas perdu... Vous êtes sur le point de vivre la vie dont vous avez toujours rêvé.

12 La Dame Blanche

LA PURETÉ
EST RÉCOMPENSÉE
DANS LE CŒUR ET L'ESPRIT.

VOUS ÊTES FACE À UN CHOIX COURAGEUX qui engagera votre avenir. Quand un chapitre se clôt, un autre débute aussitôt. Vous devinez la présence du soleil derrière les nuages sombres qui vous environnent. Votre refus de l'incertitude, qui réduit vos efforts à néant, ramène une lumière magique dans votre vie. Votre optimisme abattra les obstacles. Toutes les choses de la vie auxquelles vous tenez le plus vous seront rendues. Le bout du tunnel est tout proche.

13 La Marraine Fée

DES FORCES CÉLESTES
VOUS FONT UN SIGNE
MAGIQUE.

VOTRE BONNE ÉTOILE VOUS MONTRE LE CHEMIN, révélant que vous êtes né(e) pour triompher des obstacles matériels et émotionnels. Aussi longtemps que vous suivrez la route que vous vous êtes tracée, en évitant les ornières, vous serez sous la protection des Fées. La paix de l'esprit et du cœur est le fruit des valeurs auxquelles vous accordez le plus de prix. Une cascade de bienfaits déferlera sur vous. Vous serez en parfaite harmonie avec vous-même et recevrez en partage santé, bonheur, prospérité et amour. De très heureuses surprises vous attendent.